VISTA™

Distinguir
entre hecho y opinión

Frases claves para **distinguir hechos:**

Según el manual de instrucciones, los pasos son...

Las estadísticas muestran que...

Pudimos verificar que...

Un testigo aclaró que lo sucedido...

Al ver las fotos, comprobamos que...

Frases claves para **distinguir opiniones:**

No me gusta eso porque...

Ellos creen que...

Me parece muy lindo que...

No creo que...

Desde mi punto de vista, considero que...

Un **hecho** es algo que puedes **comprobar** al observarlo, al verificarlo en un libro o preguntándole a un experto. Una **opinión** es lo que alguien **piensa** o **siente** con respecto a algo y que no puede ser comprobado como verdadero o falso.

RBG:
magistrada de la
Corte Suprema

VISTA™

Ruth Bader Ginsburg (también conocida como RBG, sus iniciales) nació el 15 de marzo de 1933. Creció con su familia en Brooklyn, barrio de la ciudad de Nueva York.

Los abuelos maternos de Ruth llegaron a Estados Unidos desde Europa. Buscaban un lugar seguro para vivir y trabajar, y se instalaron en Nueva York.

SABELOTODO

Cuando Ruth nació la llamaron Joan Ruth Bader. En su colegio había varias chicas que también se llamaban Joan. Para diferenciarse de ellas, usó su segundo nombre. Después de casarse, se convirtió en Ruth Bader Ginsburg.

El padre de Ruth nació en Ucrania, Europa. Se esforzó por aprender inglés y abrió un negocio en Nueva York. Tenía una pequeña tienda que vendía abrigos y sombreros.

La madre de Ruth se quedó en casa para cuidar de la familia. En los años 30, la mayoría de las mujeres que tenían hijos no tenían trabajo. Algunas mujeres eran enfermeras o maestras, pero la mayoría de los trabajos eran solo para hombres.

La llegada a Estados Unidos

Muchas familias de Europa **emigraron** a Estados Unidos a principios del siglo XX. Muchas personas querían escapar de las guerras en otros países. Otras personas vinieron a los Estados Unidos para encontrar trabajo.

Los europeos llegaron a la ciudad de Nueva York en barcos. Lo primero que vieron en el puerto de Nueva York fue la Estatua de la Libertad. La estatua era un símbolo de libertad y de esperanza para una nueva vida.

No era fácil empezar una nueva vida en otro lugar, pero en Nueva York la gente era libre de vivir y trabajar en cualquiera de los numerosos barrios de la ciudad.

La madre de Ruth creía que la escuela era importante tanto para los niños como para las niñas. Le leía a Ruth y le enseñó a disfrutar de la lectura.

La madre de Ruth quería que esta amara aprender y tuviera muchos **intereses** e inquietudes. Ella y Ruth visitaban muchos lugares interesantes de la ciudad. Les encantaba ir a los museos y al teatro.

También le enseñó a trabajar duro y a ser fuerte, a ser **independiente** y a no preocuparse por lo que pensaran los demás.

Ruth era una excelente estudiante. Iba a la biblioteca todos los viernes después de la escuela. Leía muchos libros. Le encantaban los libros sobre mujeres inteligentes y valientes que vivían aventuras interesantes. A Ruth también le gustaba la música y el arte. Aprendió a tocar instrumentos musicales.

A Ruth no le gustaban las clases de cocina y costura que tenían que tomar las niñas. No le parecía justo que los niños tuvieran clases a las que las niñas no les permitían asistir.

A Ruth le fue bien en la escuela, y en 1950 fue a la universidad. Estudió mucho y se convirtió en la mejor estudiante de su clase.

Las clases favoritas de Ruth eran sobre las leyes y el gobierno de Estados Unidos. Decidió que quería ser abogada. Quería ayudar a la gente a entender la ley. Quería proteger los **derechos** de las personas.

Después de la universidad, Ruth se casó y fue madre. Ruth seguía queriendo ser abogada. Tuvo que cuidar de su familia y estudiar para sus clases de Derecho al mismo tiempo.

Ruth se mantuvo fuerte y trabajó duro. Estudiaba siempre que podía durante el día y la noche. No dormía mucho, pero ¡no se rindió!

En los años 50, no era habitual que las mujeres fueran abogadas, pero Ruth quería cambiar eso. Pensaba que las mujeres debían poder tener una carrera y ser abogadas si lo deseaban.

En su facultad de Derecho había cientos de hombres y solo unas pocas mujeres. Algunos de los hombres no estaban de acuerdo con que las mujeres estudiaran Derecho, pero Ruth no dejó que eso la detuviera. A pesar de que tenía que cuidar de su familia, Ruth trabajó duro y una vez más, fue la mejor estudiante de su clase.

A pesar de que Ruth fue la mejor estudiante, le resultó difícil conseguir un trabajo como abogada. Muchos hombres no querían contratar a una mujer. Pensaban que esos trabajos debían ser solo para hombres.

Era injusto, pero Ruth no tuvo elección. Decidió cambiar sus planes y buscar otro trabajo.

En los años 60, Ruth tuvo varios trabajos. Durante un tiempo, trabajó para un juez. Aprendió todo sobre los tribunales y el trabajo que hace un juez.

Luego, Ruth se convirtió en profesora de Derecho en una universidad. En aquella época, no había muchas mujeres profesoras de Derecho en el país. Ruth enseñaba a sus alumnos las leyes y el funcionamiento del gobierno de Estados Unidos. También ayudó a otras mujeres a estudiar Derecho y a convertirse en abogadas.

Las mujeres en el Derecho

Gracias a Ruth y a estas importantes mujeres, muchas cosas han cambiado en Estados Unidos. Hoy en día, hay más mujeres trabajando como abogadas.

Arabella Mansfield fue la primera mujer abogada en Estados Unidos. Aprendió sin ir a la universidad y se convirtió en abogada en 1869.

En 1870, Ada Miser Kepley fue la primera mujer en graduarse en una escuela de Derecho, pero no se le permitió trabajar como abogada en su estado.

En 1897, Lutie A. Lytle fue la primera mujer en enseñar en una facultad de Derecho. Fue una de las primeras mujeres afroamericanas en graduarse en Derecho.

En 1928, Genevieve Rose Cline se convirtió en la primera mujer jueza de un tribunal estadounidense.

En 1981, Sandra Day O'Connor se convirtió en la primera mujer jueza del Tribunal Supremo.

Ruth se convirtió finalmente en abogada en la década del 70. Trabajó duro para cambiar las normas y leyes que no eran justas para todos.

Ruth creía que era injusto que las mujeres y los hombres tuvieran diferentes opciones en las universidades. Creía que era injusto que los hombres y las mujeres no tuvieran el mismo salario. Creía que las mujeres debían poder hacer el trabajo que quisieran.

Ruth acudió muchas veces a los tribunales para defender que hombres y mujeres debían recibir el mismo trato en el trabajo. Ayudó a muchas personas a entender sus derechos.

Después, en 1980, Ruth se convirtió en jueza. Los jueces trabajan para el gobierno. Los jueces son los responsables y líderes de un tribunal. Los tribunales ayudan a decidir si las leyes son justas para todos. Cuando la gente tiene desacuerdos, utilizan las leyes para decidir quién tiene razón y quién no.

Ramas
del Gobierno
de Estados Unidos

La rama legislativa

El Congreso es la rama legislativa del gobierno de Estados Unidos. Los miembros del Congreso trabajan en el Capitolio de los Estados Unidos en Washington, D. C. Su trabajo consiste en crear leyes. La gente en Estados Unidos tiene que seguir esas leyes.

El gobierno de Estados Unidos tiene ramas diferentes. Cada una de ellas realiza una labor distinta en la gestión del país.

La rama ejecutiva

El presidente de los Estados Unidos es el líder de la rama ejecutiva y trabaja en la Casa Blanca. El trabajo de esta rama es asegurarse de que todo el mundo cumpla las leyes que hace el Congreso.

La rama judicial

Los jueces son la rama judicial. El trabajo de esta rama consiste en explicar las leyes a los demás. Los jueces ayudan a decidir quién tiene razón cuando hay un desacuerdo. También ayudan a decidir si las leyes son justas.

En 1993, el presidente de EE.UU. nombró a Ruth **magistrada** de la Corte Suprema. La Corte Suprema es el tribunal más importante del gobierno. Ruth fue la segunda mujer en llegar a la Corte Suprema.

La Corte Suprema tiene nueve jueces que deciden si las leyes son justas. Los jueces no siempre están de acuerdo. Después de escuchar un **caso**, tienen que trabajar juntos y votar sus decisiones.

SABELOTODO

La palabra "supremo" viene del latín *supremus* y significa "lo más alto". La Corte Suprema es un grupo de jueces con el mayor poder judicial de un país.

Los collares de Ruth

Las togas negras que usan los jueces fueron diseñadas para ser usadas con la ropa de los hombres. Cuando las mujeres empezaron a ser juezas, algunas llevaban un collar con su toga.

Ruth era conocida por llevar collares atrevidos. Tenía muchos collares diferentes hechos de encaje o de abalorios. Además, gente de todo Estados Unidos le regalaban collares.

Ruth también tenía collares favoritos que usaba cuando estaba de acuerdo o en desacuerdo con una decisión del Tribunal Supremo.

¿Cómo llega un juez al Tribunal Supremo?

La elección de un juez para el Tribunal Supremo es una decisión importante para el presidente y los miembros del Congreso. Los jueces del Tribunal Supremo toman decisiones importantes.

Primer paso

El presidente elige a la persona con las mejores aptitudes para ser un buen juez. Esa persona va a la Casa Blanca para reunirse con el presidente.

Segundo paso

La persona va al Capitolio de EE.UU. para responder a las preguntas de los miembros del Congreso.

El Congreso vota si cree que la persona debe ser juez.

Tercer paso

La persona vuelve a la Casa Blanca y hace un **juramento** de ser siempre un juez imparcial y trabajar por el bien de Estados Unidos.

Cuarto paso

La persona se une a los demás jueces del Tribunal Supremo.

Ruth fue magistrada de la Corte Suprema durante 27 años. Era una jueza fuerte e inteligente y una líder importante en el Poder Judicial del gobierno.

En el tribunal, Ruth siempre se pronunciaba en contra de las cosas que no eran justas. Siempre se esforzó por hacer que las leyes fueran justas para las mujeres y para todos los estadounidenses.

Desde que Ruth entró en el Tribunal Supremo, otras tres mujeres han sido **nombradas** para el Tribunal Supremo. El duro trabajo de Ruth cambió el sistema judicial y el país.

SABELOTODO

Los jueces del Tribunal Supremo tienen su trabajo de por vida. Ruth se esforzó por estar sana para poder hacer su trabajo el mayor tiempo posible. Hacía ejercicio con frecuencia. Incluso a sus ochenta años, levantaba pesas y hacía flexiones.

Ruth murió en 2020, a los 87 años. Era la jueza de más edad del Tribunal Supremo, pero nunca dejó de trabajar duro. Nunca dejó de intentar que las leyes de Estados Unidos fueran justas para todos.

Muchas personas se reunieron en el Capitolio de Estados Unidos para recordar su importante vida y sus años de ayuda a los demás. Se han escrito libros y hecho películas sobre su vida y su trabajo. Muchos artistas han pintado cuadros en su honor. Mucha gente conoce ahora a Ruth Bader Ginsburg por las **iniciales** de su nombre. La llaman "RBG".

carrera trabajo o profesión de una persona

caso asunto que se resuelve en un tribunal

collar adorno que se pone en el cuello

derechos cosas que debemos tener o hacer, como la libertad o la equidad

emigrar abandonar tu país para establecerte en otro

independiente que no es controlado por otros

iniciales primeras letras de un nombre y un apellido

intereses cosas que a la gente le gusta hacer

juramento promesa

magistrada miembro de un jurado o tribunal

nombrado seleccionado

permitido aceptado

Photography and Art Credits

All images © by Vista Higher Learning unless otherwise noted.

Cover: VHL

4: Abaca Press/Alamy; **6:** Keith Lance/Getty Images; **15:** (m) Courtesy of the Library of Congress; (b) Rob Crandall/Shutterstock; **18-19:** Alanadesign/Shutterstock; **18:** (t) Rob Crandall/Shutterstock; (b) Orhan Cam/Shutterstock; **19:** (tl) Paul Morse/The White House; (tr) Abaca Press/Alamy; (bl) Turtix/Shutterstock; (br) Steven Frame/Shutterstock; **20:** Mark Reinstein/Shutterstock; **22-23:** Joao Kermadec/Shutterstock; **22:** (l) Mark reinstein/Shutterstock; (r) Rob Crandall/Shutterstock; **23:** (l) Mark Reinstein/Shutterstock; (r) Abaca Press/Alamy; **24:** Abaca Press/Alamy; **25:** EJames202/Alamy.

© 2024, Vista Higher Learning, Inc.
500 Boylston Street, Suite 620
Boston, MA 02116-3736
www.vistahigherlearning.com
www.loqueleo.com/us

Dirección Creativa: José A. Blanco
Vicedirector Ejecutivo y Gerente General, K–12: Vincent Grosso
Desarrollo Editorial: Salwa Lacayo, Lisset López, Isabel C. Mendoza
Diseño: Radoslav Mateev, Gabriel Noreña, Andrés Vanegas, Manuela Zapata
Coordinación del proyecto: Karys Acosta, Tiffany Kayes
Derechos: Jorgensen Fernandez, Annie Pickert Fuller, Kristine Janssens
Producción: Thomas Casallas, Oscar Díez, Sebastián Díez, Andrés Escobar, Adriana Jaramillo, Daniel Lopera, Daniela Peláez

RBG: magistrada de la Corte Suprema
ISBN: 978-1-66992-212-4

Printed in the United States of America

1 2 3 4 5 6 7 8 9 GP 29 28 27 26 25 24